झाँझर

(काव्य संग्रह)

सवि शर्मा

PUBLICATION

दिल्ली-110089, (भारत)

संस्करण : 2021
ISBN : 978-93-90889-68-6

मूल्य : 250/-

© सम्बंधित रचनाकार के अधीन
आवरण : ज्योति

झाँझर (काव्य संग्रह)
सवि शर्मा

Jhanjhar (Kavya Sangrah)
By: Savi Sharma

Published by
PRAKHAR GOONJ PUBLICATION
H-3/2, Sector 18, Rohini, Delhi- 110089
Email : prakhargoonj@gmail.com
       sinha.neelu123@gmail.com
Ph. no. : 7982710571, 7838505899, 011-27851059
web : prakhargoonjpublications.com

समर्पण

पुत्र उत्सव व सुपुत्री गार्गी को.....

मेरे गुरु जी का आशीर्वाद....

सूरज प्रकाश

पढ़ना सीखने की कोई उम्र नहीं होती। इसी तरह से लिखना, अपने आप को अभिव्यक्त करना शुरू करने की भी कोई उम्र नहीं होती। इधर लगातार अपने लेखन में सक्रिय रह कर सवि शर्मा ने इस बात को सिद्ध कर दिया है। वे विभिन्न पत्र-पत्रिकाओं में लघुकथाओं, कविताओं और कहानियों से अपनी सतत उपस्थिति बनाए हुए ही हैं, कोरोना काल के कठिन और दबाव भरे समय में एक ही वर्ष में उनकी दूसरी पुस्तक झाँझर का आना इस बात का प्रमाण है कि वे अपने लेखन के प्रति कितनी समर्पित हैं।

मैं उनकी इस नयी किताब के लिए शुभकामनाएं देता हूं।

वे खूब लिखें, निरंतर लिखें बेहतर लिखें।

सूरज प्रकाश

अनुक्रमणिका

वंदना

चरण वंदन आपका माँ

मृदुल उद्गार भर दीजिए

कंठ में रहें आप विराजित

ज्ञान हिय भर दीजिए

सत्य शिव सुंदर सरिता

रहे प्रवाहित कर दीजिए

अमृत कलश छलकता रहे

मन के द्वेष हर लीजिए

मैं अज्ञानी कर जोड़ खड़ी

विमल मति मन भर दीजिए

हूँ कहाँ समर्थ शब्द सार कह सकूँ

नव गान लय चेतना भर दीजिए

रच सकूँ कल्याण जग का

कलम में ताकत भर दीजिए

ना रुकूँ ना डरूँ बढ़ती रहूँ

अभय दान दे कृपा कर दीजिए

हम हैं बच्चे आपके कर क्षमा

डाल दया दृष्टि कृपा कर दीजिए

निःशब्द

अंबार बहुत था उसके पास
सजने मुस्कुराने
तितली बन उड़ने का
कुसुम सी खिलती
इच्छाएँ
लहराती घटाओं सी
भरी दोनों हाथों में
चहकना उड़ना
स्वप्नों में
अचानक
चील के पंजों ने
झपट्टा मारा
पलक भी ना झपका सकी
नृशंस घूमती
बिलखती
एक चित्कार
जीने की जिजीविषा
भटकती है हाथ जोड़
खड़ी कहीं

झाँझर

मौन रुदन में
आवाज़ अरे हाँ
अब सक्षम नहीं
साथ देने के लिए
लेटी
है एक
तिकोने से बिस्तर पर
अशक्तता हावी सम्पूर्ण
पुतलियाँ भी तो
अब ठहर सी गईं
आभासी पलकें जड़
पैसा बंद तिजोरी में
सिर्फ बंद
उसके हाँथों के नाखूनों में
वक्त की त्वचा की खुरचन
पकड़ने की कोशिश में
जो फँसी रह गई
और वह रक्तिम बूँदों के साथ
लावा बन उसे भी धीरे-धीरे
पिघला रहा है
निःशब्द

झाँझर

उसकी सम्पदा से
लोगों की टूटी सहानुभूति
और कुछ स्पर्श
सहानुभूति के
ख़रीद सकती है
वह एक बूँद भाप बन
उड़ती जा रही है।

क्षणिका

बो दो बीज वक्त के गर्भ में
कुछ समय लगेगा
भेदकर पृथ्वी की सतह
लहरायेंगे
असंख्य हाथ
बदलेगा परिवेश सारा
नई रौशनी दिखाएँगे
मत देखो कि
औरों ने क्या किया
अपने बलबूते
वक्त के पन्नों पर
अपने हस्ताक्षर अमिट स्याही से
अंकित करो
समय बदलता है
बदलेगा
अपनी नई पृष्ठ भूमि के साथ
उड़ा ले जाएगा विषाद के
समीकरण और एक
साफ तस्वीर होगी

झाँझर

समाज की
कुछ भी करो
बदलाव लाओ
आँखों पर चढ़ी
गर्त हटाओ
क़लमकार हो
तो क़लम चलाओ
दिशा परिवर्तन
अब चाहिए
विष दूर करने को
तुम्हारी दिमागी
उपज चाहिए।

मेरी नन्हीं परी

एक स्पर्श की अनुभूति

होने की पूर्णता की खुशी

हिलोरे लेने लगती है मन में

मेरी झोली में इस संसार की

सबसे मूल्यवान सौगात

ईश्वर ने अपना रूप बनाकर

सौंप दी

देख अपना प्रतिरूप

असंख्य बार हाथ जुड़ जाता है

उस ईश्वर के सामने

मेरी नन्हीं कोमल परी

जिसके हर एक पल में

खुद को देखती हूँ बड़ा होते

चहचहाते मुस्कराते

चाहती हूँ तू आकाश से भी

ऊँची उड़ानें भरे

अपने रास्ते खुद अपने

बलबूते बनाए

लेकिन छिपाना चाहती हूँ

झाँझर

तुझे दुनियाँ की नज़रों से
पहले तुझे इस वहशी
दुनियाँ के तरीक़े
समझा तो दूँ
ताकि तेरे पंख उड़ने से पहले
कोई नोच ना ले
लिखना चाहती हूँ
तेरे पंखो में वो उद्घोष
जिसे देख तेरी
शक्तियों के प्रहार का
शैतान अंदाजा लगा सके
और तेरे अहित के पहले
सौ बार काँपें।

प्रबुद्ध

साधना करता
अपनी ही शिराओं में बैठ
अपने ही गंतव्य
खुदगर्जी स्वार्थ
समाधि में लीन
निर्भीकता
दुस्साहस लपेटे
बनाता विशाल
साम्राज्य
चढ़ा प्रतिष्ठा,
सच्चाई का आवरण
लपेटे
बढ़ता उत्साहित
निगलने को
सौरमंडल
खेलता अतिविलास
और प्रकट कर जाता
धूमकेतु
हँस के छिपाता

झाँझर

मन के अंधड़
खेल है उसका
जीवन के लिए
लड़ता जीवन
पर्यन्त
भीतर बाहर
एक युद्ध
खुद का खुद से।

मनुष्यत्व

सृष्टि के संग बैठी
तो महसूस हुआ
प्रेम के अनरवत चलते
संसार का
प्रेम की उत्पत्ति ही तो
यथार्थ है
बाक़ी तो सब
विवेचना है
मेरी तुम्हारी उसकी
दौड़ लगाती
अंधेरे के मुहाने तक
समापन तब तक
नहीं होता जब तक
प्रीत की तुरही का स्वर
हवाओं में ना भीगे
इन्हीं सब में उलझी यात्रा
युद्ध कभी शांति
कभी अभिव्यक्ति के मुहाने तक जा
तलाश करती है

झाँझर

चिर प्रतिक्षित प्रेम से
पाटना चाहता है
अंतर्मन के घावों को
निःशब्द
और नहीं देना चाहता
फिर किसी नई मानसिक
उलझन की विवेचना
शायद यहीं आकर
मनुष्यत्व
पूर्ण होता है।

अर्धनारीश्वर

बहुत चाहा था तुम्हें प्यार करना
ठीक उसी तरह जैसे
राधा करती है श्याम को
नहीं देवदासी बन नहीं
कि जिसमें सिर्फ प्यार हो मेरा
और तुम खुद पर करो गर्व
कि वाक़ई तुम हो ही ऐसे कि
तुम्हें सब प्यार करेंगे
सिर्फ एक रूप अधिकारी होने का
तुम्हें प्यार के काबिल नहीं बनाता
प्यार करवाने के लिए भी
बिलकुल वैसा ही होना पड़ता है
कोई जरूरी नहीं
तुम पति हो तो पत्नी प्यार करे
और ना ही इस कारण कि
पिता हो मेरे बच्चों के
और ना ही शारीरिक शौष्ठव
भी प्यार दे सकता है
वो सिर्फ एक भूख होती है

झाँझर

जैसे रोटी की
वो प्यार नहीं
इतना काफी नहीं
प्यार करने के लिए
तुम्हारी सत्तात्मकता का
वो सिर्फ एक समझौता होता है
या कभी मजबूरी भी
चुप रहने की
वो प्यार तो क़तई नहीं है
प्यार तो तब होगा जब तुम
आधी नारी और मैं आधा पुरुष हो जाऊँगी
तब समझ सकेंगे एक दूसरे को
तुम मुझे सुन रहे होंगे मुझ जैसे बन
और मैं तुम जैसा बन
तभी तो समा सकेंगे एक दूसरे में
कर सकेंगे भरपूर प्यार।

नज़्म

रात में ख़ामोश चाँद तनहा लगा
आप बिन ये जहाँ तनहा लगा

बात करते थे कभी जुगनू हमसे
क्या कहे हर फसाना चुप लगा

एक मैं और ये ख़ामोश वक्त
पास आते एक जमाना लगा

याद तेरी तड़पा रही रात दिन
भूलने का ना कोई बहाना लगा

जिस तरफ देखूँ तू दिखे मुझे
दिल को ढूँढ़ते एक जमाना लगा

आशुफ्ता है ज़ीस्त तुम बिन
समझने मुझको एक अरसा लगा

नाविना इश्क़ की लिखो गज़ल
क्या कहें सदमा दिल को कैसा लगा

सामने बैठे बात भी नहीं हुई
सोचिए इस दिल को कैसा लगा

मुन्तजिर मैं तेरी राहों की सवि
आते-आते तुमको एक ज़माना लगा।

होली गीत

भर के पिचकारी
इंतज़ार कर रही
आएँगे जब पाहुना
तन मन पे डारुगी

उड़े है अबीर गुलाल
सपनों में सतरंगी
पाहुना के साथ
रंगों को सजाऊँगी

भूल के गिले शिकवे
मन में उल्लास भर
मिल पाहुना के संग
फ़ाग में तो गाऊँगी

जिया मोरा ईत ऊत
विकल हो डोल रहा
आए ना पाहुना तो
होरी ना मनाऊँगी

झाँझर

आ जाओ कृष्ण कन्हाई
राधा तेरी टेर रही
आत्मा परमात्मा का
आज फाग में रचाऊँगी

मैं मीन तुम हो जलज
बिन तुमरे ना जी पाऊँ
अपने ही रंग रंग डारो
हिय तेरे ही समाऊँगी।

उठो तुम

देती ये सदायें फिर मुझे जगा रही
मानवता का सुमधुर राग फिर गा रही

बन के नभ में मेघ तू पानी ले छा जरा
प्यासे के अधर पे मुस्कान खिला रही

अनमोल धरोहर राष्ट्र रक्षा में प्रयास रत
भारत के इतिहास का परचम लहरा रही

प्राण जाए वचन ना जाए देवत्व सा यह राग
सुर में इसके सुर मिला बात यही समझा रही

मैं और तू का अलाप नहीं कर्णप्रिय
हम की एक वीणा का सरगम सुना रही

किसी कृशकाय तन की वेदना सुन जरा
मंदिर की घंटियाँ भी धुन यही गा रही

सिर्फ कंकर पत्थर का भला अभिमान क्या
कर्म के आधार के मान को बता रही

झाँझर

अजल प्रीत राग स्नेह घट घट में बसा
देवसरिता धरा को स्नेह से नहला रही

मन मंजूषा घिरा निज स्वार्थ के वलय में
तोड़ मृषा अहर्निश अंशु गीत गा रही

राह सभी मिलती उस आस्था के क्षितिज
रख मन में चेतना का दीप समझा रही

है अधूरा बांकपन चमके ना श्वेद बिंदु अगर
देख भागीरथी कुछ मीठा संदेश सुना रही।

अभिलाषाओं की वेणी गूँथ

मगन गगन में इठलाऊँ

श्याम बनूँ कभी बन राधिका

राधे श्याम की टेर लगाऊँ

कभी भटकूँ कानन उपवन

बन डाली पुष्प इतराऊँ

कोई बैठा नैराश्य में

उठा गले से उसे लगाऊँ

मानव जीवन उलझा पल छिन

कर्तव्य डोरी पर मुस्काऊँ

मानव जीवन मिलता मुश्किल से

कर्म करूँ कुछ ऐसा मानव कहलाऊँ

जग में प्रेम निश्छलता

हर हृदय में भर जाऊँ

बनूँ में देव सरिता प्रवाहित

जीवन के विष धो जाऊँ

बनूँ कभी शिव कर कल्याण

विष पी सबका जीवन महकाऊँ।

शहर

शहरों ने पाल लिए हैं
सिरों के झुरमुट
गमगीन से बैठे रहते हैं
भेड़ की तरह ख़ामोश
बैठे रहते हैं चलते रहते हैं
सम्वेदनहीन
ख़ाली हाथ
ख़ाली दिल
सम्वेदना शून्य
अंतहीन आसमान उटाए
कंधों पे
एक दम चुप
चल रहें हैं सटे सटे
कभी ही भरम होता है
उनके जिन्दा होने का
आँख खोल देखने लगते हैं
किसी इंसान के आने की राह
जगा दे उन्हें
उनके पास से कोई एम्बुलेंस

झाँझर

तेज हॉर्न देती थरथराती
गुजरे तो भी
यूँ कोई आँख उठा देख
चलते हैं सिर झुका
खुद को बचाते
सिमटकर
थोड़ी धक्का मुक्की होती है
फिर चलने लगते हैं प्राणहीन
उनके पास कुछ अवयव हैं
काँपती उँगलियाँ
बंद मस्तिष्क
रुका हृदय,नीली नसें
गड्ढे में गिरी दो गोटी
बंद छिद्र नासिका
टेढ़े मेड़े काले चितकबरे नाखून
दो होंट चिपके

मेरे हौसलों की उड़ान

मैं हर रोज़ हौसलों को

अपने भावों के धागे से

सिला करती हूँ

वो चाँद जब

रफ़्ता रफ़्ता

चढ़ता है सीढ़ियाँ जब

आसमान में

अपने सपनों के महल

उसी रात मैं बुन

खड़ा कर लेती हूँ

जलती है बहुत

आग मेरे

आस पास

उसी से बची कुछ अधजली

लकड़ियाँ उठा कर

बचा लेती हूँ

देख रही उसी कोशिश

में एक वितान

सतरंगी

झाँझर

और
उसकी खनक
मेरी रूह में
जो जलाएगी
एक दिया और
समस्त मानव
अपने असली स्वरूप
को पहचान
फिर एक युध्द
छेड़ेगा।

शक्ति आधारिणी

हिदायतों संग पूजते हो
तय कर रक्खें
सीमाओं के क्षितिज
नारी विवेक के मापदंड भी
पर निमिष में भी सोचने की
क्षमता रखती है नारी
तोड़ देती है तुम्हारे
बनाए उलझाने को वलय
बढ़ने लगे हैं
अब उसके
प्रयासों के विस्तार
नारी के स्वाँस प्रस्वाँस पर
अधिकार सिर्फ
प्रेम की रजत किरणों से
प्राप्य है
उस अमृत पीयूष को
हृदय भावों में सुजलता
की प्रवाह मई निर्झरिणी से
आधिपत्य किया जा सकता है

झाँझर

तुम्हारी वंचना में तो
कदापि नहीं
वो देती है अहर्निश
अपना सर्वस्व तब तक
जब तक तुम
अपने उद्दात भावों को
निलय करते हो
तुम्हारे छदम वेश को
छिपा नहीं सकते
पहचानने लगी हूँ
अपने त्रिनेत्रों से
मैं नारी शक्ति
आधारिणी हूँ।

जीवन एक पहेली

बुनती गुनती जीवन एक पहेली
आ सामने कभी
छिपे नार नवेली
कभी आँखों से आँसू बन बहते
कभी होटों पे सरगम सी फैली
सुख दुःख में नृत्य करें
अहर्निश कभी भोर की
लालिमा में खेली
कभी तृप्ति का चंवर ढुलाये
कभी मृषा वतुल राहों की हो ली
देव सरिता सी बहे कल कल
कभी सागर लहरों की मतवाली
पहने रंगों का इंद्रधनुष अम्बर
कभी पठारों में जा हँस बोली
ना सुलझा पाया देव या मानव
राग बैराग की यह सहेली
पल जाने कितने किसके साथ
बुने प्रीत की पावन बेली
मानवता की करें नित पूजा
ना छोड़ें उसे निपट अकेली।

माहिया

रुत फ़ाग की आई
आजा घर साजन
मिलन की रुत आई

अबीर गुलाल म़हका
मन में तू आया
टेसू डाली दहका

जग बैरी लागे हैं
बिन तेरे रसिया
सब सूना लागे है

मन तुझ में लागा रे
प्रेम सुधा झरता
हिय अम्बर बसता रे

छटा रंगों की महकी
जीवन में नया रंग
यूँ आँखों से छलकी

अम्बर पे घन छाया
पुरवा मन चहके
साँसों में म़हकाया

झाँझर

कैसे जा पाऊँगी
जन्म लिया इस घर
कैसे रह पाऊँगी

माई तेरा घर रे
हुआ पराया रे
टूटा ये सपना रे

सावन अम्बर छाए
ख़त भिजवा देना
कभी याद गर आए

मन की बतियाँ होंगी
कोई आएगा
घर की खुशबू होगी।

सपना प्रीतम का है
जागी सपनों में
मैंने चाँद देखा है

आ प्यार तुझे कर लें
ख़्वाब न रह जाए
ये प्रीत ज़वाँ कर लें

भ्रूण हत्या

माँ मुझे भी जीने का हक़ दे दो
देखूँ सपनें मैं मुझे भी साँसे दे दो

कहाँ कम हूँ बेटों से अभी देखा कहाँ
दिखा सकूँ खुद को वो अवसर दे दो

कभी ना पीछे हटती सेवा हरदम करती
पढ़ूँ बढ़ूँ आगे मुझे इतना हक़ दे दो

ना मनाओ मेरे होने का उत्सव लेकिन
मेरी धड़कन को भी चलने का हक़ दे दो

मान बढ़ाऊँगी तेरा अभिमान बन जाऊँगी
माँ मुझे भी अपने आंचल की छाँव दे दो

अब भी टूटती साँसें मेरी बेटों की चाह में
बेटी हूँ तेरी ही ये विश्वास मुझे दे दो

उड़ती तितली बन ख्वाहिशें मेरी
बस थोड़ा सा पूरा करने की हिम्मत दे दो

माँ मुझे अपने आँचल की छाँव दे दो
गंगा की धारा सी प्रेम लगन दे दो

जन्म से पहले ही मुझे क्यूँ मार देते हो
मुझको भी मेरी पहचान ज़रा सी दे दो

टूटी चप्पल

देख तो दिन में पीकर चलते टेढ़ी चाल
दाएँ बायें झुक कर लहराई नागिन चाल

एक पैर घिसटता दूसरा लम्बा उठाए
नैनों को मेरे लगे नशीली चाल

एक कंधा उचका दूसरा गिर जाए
ना जाने किस पल गिरे ऐसी है चाल

बगल में मोड़कर रक्खा लपेट कर
दूर से देखे समझे न कैसी करामाती चाल

हाथ में था कुछ उसके कान में लगा हुआ
समझ आया जब पास मोबाईल टूटा उसके हाथ

आ रही आवाज़ बड़े ध्यान से सुनता
न्यूज़ सुनकर चल रहा वैसी ही चाल

कैसा विरोधाभास पीकर भी सुन रहा
एक जागरूकता दूजा झूमती मतवाली चाल

झाँझर

आया जब नज़दीक तो हुआ मुझको भान
टूटी चप्पल ने की ऐसी बेढंगी चाल

कैसी मेरी मति यह समझ ना पाए गरीबी
थोप दी इन आँखों की गलती उसकी चाल

नजर ऐसी है बला जाने क्या ले देख
उल्टे ही कर दे मस्तिष्क की टेढ़ी चाल।

नारी रचती स्वयं की उड़ान

सुनो रख देती हूँ

देह उतार

और उसमें बसी अभिलाषाएँ

तिरोहित कर देती हूँ सब

नहीं चाहती बढ़े द्वन्द युद्ध

तब विवशता में

उत्कंठाएँ

जो उठती हैं मन में

किसी मंथन से

तब

उपजने लगता है प्रश्न जो

पूछते हैं मेरे होने

ना होने पर सवाल

कभी पूछ बैठते हैं

जीवन पाया तो

पथ के सुरम्य पहाड़ पठारों में

मिला कुछ ऐसा जो दर्ज हो

तेरे एहसासों में तृप्ति बनकर

या बेबस कुचलकर

झाँझर

मूक बधिर सा जीवन जिया
और अनुत्तरित से प्रश्नों से
मैं जूझने लगती हूँ
काटने लगती हूँ पहाड़
जीने की कोशिश में
तेजाब पड़े चेहरों में
जिजीविषा के मंत्र
फूंकने लगती हूँ
सीने लगती हूँ
बलात्कार हुई
बेवजह अपराध बोध से ग्रसित
उस स्त्री के मन के तारों को
चिंगारी भर देती हूँ
उसकी आँख में
जियो स्वयं परिपूर्ण बन
स्वतंत्रता के नए परिवेश में
जीवन सुधा
पीने के लिए।

स्त्री

स्त्री ही है
जो करती तुम्हें महान
छोड़ अपने
सपनो के रंग
करती तुम्हारे सपनें साकार
कभी छोड़ना हो अपनी मंजिलें
सहर्ष छोड़ रचती तुम्हारा
घर संसार
छोड़ अपने सारे रंग
ओढ़ लेती जो हों
तुम्हें स्वीकार
छोड़ फुरसत के पलों में
तारों से बातें करना
करती घर चलाने का हिसाब
और भर देती
तुम्हारे आँगन
चाँद तारे
और एक सूरज लगा अपने
माथे

झाँझर

करती प्रशस्त
तुम्हारे मार्ग
क्या तुम
उसे अपनी पूर्णता की
परिभाषा कह
सकोगे?

बसंत

जा रहा शिशिर अलसाए हुए
आ रहा बसंत मुस्काए हुए

लगे प्राची की सिंदूरी आभा देख
नवयौवना है माथ सिंदूर लगाए हुए

प्रीत की धानी चूनर ओढ़ पी अँगना
पीली बूटी उस पर बिखराए हुए

वसुंधरा झाँके अधखुले नयनों से
डाली गुथे पुष्प गजरा लगाए हुए

महकी बयार संदल भीनी भीनी
गागर प्रीत की छलकाए हुए

ले अंगड़ाई कली कली खिल उठी
पी के आगमन नयन बिछाए हुए

बौर खिल उठा हर डारी उचक
लगे पाहुना कोई घर आए हुए

झाँझर

आगमन देख रितुराज बसंत
कामदेव नयन बाण चढ़ाए हुए

देख पुष्प बाण कामदेव के रति
मुँह छुपा हथेली शरमाए हुए

लहर प्रीत की मन सागर उठे
किलोल करती पी रटन लगाए हुए।

पिया मिलन

लेकर प्रियतम की प्रीत प्रिय।
ख़्वाब सजाने संग आई हूँ।
पिया मिलन की मीठी आस,
हृदय में सजाने आई हूँ।।

ये नयन बावरे कुछ ना जाने।
साजन कब तक तरसाएँगे।
एक विरह वेदना लिए हिय,
मन आँगन दीप जलाने आई हूँ।।

शीतल पवन अंगार बनी।
चातक मेरी मनुहार बनी।
मिलकर तुझसे ये सावन का,
मल्हार सुनाने आई हूँ।।

हिय आँगन में घन बरसे।
नयनों में मेरे अगन दहके।
अम्बर अवनि की गगरी से,
मैं प्रीत चुराने आई हूँ।।

झाँझर

उम्र बीते तो बरस बीते।
मन के हर मौसम हैं रीते।
जग बैरी तू मनमीत मेरा,
मैं प्रेम रंग चढ़ाने आई हूँ।।

रहे ना अधूरा ख़्वाब मेरा।
साजन तू श्रृंगार मेरा।
आरसी की चमक आँखों में,
मैं तुझे रिझाने आई हूँ।।

लोग कहें मैं मीरा दीवानी।
कर्मन की गति अति न्यारी।
बन बाँसुरी मैं तेरे,
अधरों को सजाने आई हूँ।।

वृंदावन की कुंज गलियों में।
जब भी नाम तेरा पुकारूँगी।
बन जाना सवारियाँ ओ कृष्णा,
मैं तुझे मनानें आई हूँ।।

अपूर्ण यज्ञ

देह की लोलुपता से
छिन्न भिन्न प्रेम के अस्तित्व
का आँचल सम्भाले
गर्विता नारी नहीं चाहती
आलिंगन
मुखर हो उठती है उसकी याचना
हृदय में पल्लवित होती
प्रेम की टहनियों में
विश्वास के मान मर्दन से
धो देता है उसके नेह के यज्ञ को
वो ढोंगी
लालसा द्रव्यों से भस्म सा बना देता है
प्रियसी की
पूजा की थाली के
तेंदुल और कुंकुम
राख बन जाते हैं
क्यूँ छली गई अपने ही आराध्य से
हर बार।

नज़्म

बख़्शीश में उसने मुझे एक नज़र दी है
जीनें को कुछ तो तसल्ली दी है

बात करता रहा हँस हँस के सबसे
मुझको सिर्फ एक मुस्कराहट दी है

छीन के चैन मेरा वो मुस्कराता है
इश्क में ये कैसी दिल्लगी की है

मैं जानता हूँ वो मेरा है ही नहीं
खुदा ने दीद की एक मोहलत दी है

बाद उसके जाने हश्र मेरा क्या हो
बिन उसके धड़कन रुकी सी है

पास लाके खुदा क्यूँ ना मिल सके
रास्तों ने ही मंजिल जुदा की है

'सवि' चल चलें छोड़ उनकी महफिल
अजनबी की आँखों में भी नमी सी है।

सियासत ख़ून की

मृग छाल में लिपटे
प्रलोभन
चमकती आँखें,
बेबसी के क़तरे से
टपकते ख़ून बन
आँखों से
एक एक बूँद,
निरिह सा देखता
पैसा
कितनी भूख लिपटी
रोती सियासत के नाम
नहीं पहुँचता
बटता ज़िन्दगी
के नाम
ख़रीददार पैसा
बदल जाते हैं
बँटवारे
बदल देती है
गद्दारी

झाँझर

रास्ते और फिर
वो तकता निरीह
शून्य में,
मरने के बाद
मरने के इंतज़ार में
देखता है
एक मौत और।

तुम मानव हो

असंख्य भावों सी जलती

दीप माला,

धरा से आस्माँ तक है

प्रज्ल्वित,

दूर करती तमस भयावह

बिना अंशु की

मुस्कराहट के भी,

है ना सामर्थ्य दूर करने की,

पर क्यूँ किसी के अंतर्मन

का कोना ख़ाली

नीरस ख़ामोश सा रहे,

क्यूँ नहीं अज्ञान, स्वार्थ, असहिष्णुता

होम कर देते,

जो बिख़राता है हर पल

क्षुद्रता और घूमता है

यायावर बन,

मन मस्तिष्क में घुमड़ता

छीनता है पावन मन की

अतुल सम्पदा,

झाँझर

जो भरती है उजास
शरीर से आत्मा तक,
क्यूँ नहीं खिलाते मानवता पुहुप
जिसकी संदल सी खुशबू
भर दे जीने के लिए
स्वाँस और
एक दिया
मन का जला फैला दे
जीवन कानन में
भोर की लालिमा सा
और मुस्कुरा उठे
संसार का कोना कोना,
तुम भी महसूस कर सको कि
तुम वास्तव में मानव ही हो।

किताबें

किताबें जो
महकाती हैं जीवन
तुम्हारी सौंधी सौंधी खुशबू
उतर आती है मेरी
आत्मा तक कुछ गुनने सोचने को,
मैं अपने
अनेक रूपों में विभक्त हो
महसूस करती हूँ
आभासी दुनिया,
संस्कारों की लहर
घोल देती है जीवन में,
प्रेम चंदन को
हाथ थामे यात्रा करती हैं
पीढ़ियों तक,
दूर करती हैं मेरे उदास लम्हों को
बिखेरती एक मुस्कान
मन के कानन में
अनेकों ब्रह्माण्ड विचरण
करने लगते हैं,

झाँझर

करती हैं शांत हमारे उद्वेगों को
गर्व करना सिखाती हैं
अपने पूर्वजों पर,
दिया ले हाथ में कभी
बनती हैं पथ प्रदर्शक
सम्भालती हैं कभी हृदय की यातना
कभी दुलार से माँ की तरह
लोरी बन जीवन को संगीत में
परिवर्तित कर देती हैं
जीवन के हर क्षेत्र में पहुँच
जाती है और यथोचित पोषण कर
हरसिंगार सा महका देती हैं
पर अब धीरे धीरे इसका रूप परिवर्तित हो रहा है
पन्नों पर यदा कदा सिसकने लगतीं हैं
डिजिटल रूप में आ गई हैं
कागज की सौंधी खुशबू
कहीं विलुप्त होने लगी है।

मोरे पिया

एक चाँद चौथ का सज़ा माँग में
तुझ तक चली आई
प्रेम रंग हृदय अवनी पर

तुझे अम्बर सा माना
ले अंक अपने प्रिय की मूरत
मैं तुझमें समाने आई

चूड़ी बिंदिया पायल कंगन
मेहंदी, पाँव आलता रचा
ओ चंदा आ मेरी नगरिया

मैं पिया के मन भाई
हो उमरिया पिया की लम्बी
गीत सुहागिन गाए

बन के दीवानी मैं प्रेम रस में
तेरी जोगनिया आई
माँग सजा सिंदूर से

व्रत चौथ का करूँ
शिव पार्वती के पूजन से अटल सौभाग्य
माँग लाई
ओ चंदा अब देर ना कर ज़रा

झाँझर

जल्दी अँगना में तू आजा
पिया संग करूँ आरती तेरी
आशीष गौरा से माँगने आई
चरण रज लूँ पिया की और
बलैयाँ ले लूँ
करवा चौथ व्रत से मैं झोली
खुशियों से भर लाई
रहे चमकता सिंदूर मेरा
गौरा इतना सा वर दीजो
मैं बनू अटल सुहागिन
यही कामना ले आई।

पिता

तेरी उँगली पकड़ चाँद पर भी चढ़ जाऊँ मैं!
आए कितनी भी मुसीबत चट्टानों से लड़ जाऊँ मैं।।

कठोर हाथों के बिछोनों पर शांति की नींद मुझे!
दुनिया की परेशानी हँसते हुए पार कर जाऊँ मैं।।

कभी कोई ठोकर लगे या टूटे सपना मेरा कोई!
अनोखे से संबल से खुद को घिरा पाऊँ मैं।।

है तू ही बाबा अभिमान तू ही प्यार है मेरा!
तेरे उपकारों का बदला कैसे चुका पाऊँ मैं।।

खुद को समेट कर हमें राजा की तरह पाला!
तेरे प्यार, अनुशासन से उत्तम व्यक्तित्व पाऊँ मैं।।

माँ ने तो जन्म दिया तूने हमें चलना सिखाया!
जीवन के हर पथ पर तुझे ही साथ पाऊँ मैं।।

देख कर चंदा आए याद जब तुम्हारी मुझको!
मुस्करा चंदा की लोरी मन ही मन गुनगुनाऊँ मैं।।

हमेशा मुस्कुराना कभी ना घबराना तेरे इस मंत्र से!
जीवन की ऊँची नीची राहें निडर पार कर जाऊँ मैं।।

नवल काव्य

तोड़ रहे हैं अफ़वाहों के सैलाब

डर किसी अजगर की तरह निगलने को

मुँह बायें खड़ा है

सत्य से बड़ी उसकी भयानकता

हौसले जाने क्यूँ धीरे धीरे बर्फ से पिघल रहे हैं

विस्मृत हो रहे हैं सुख़ के अवशेष

मन मस्तिष्क का द्वन्द

आर पार की लड़ाई जीवन मृत्यु

के बीच हर दिन धुंध में लिपटा

पर अब पहल करनी होगी

खुद को सम्भालने के लिए

भरना होगा जीवन राग

आदित्य की लालिमा को

फिर आँखों में सजाना होगा

रुक रही साँसों को फिर

बांसुरी के सुरों में ढालना होगा

दूरी मन से नहीं करनी है

स्नेह पल्लव

फिर हवाओं पर नर्म फ़ाहों सा

दिलों तक प्रवाहित करना है
नहीं करना है मायूसी की बातें
सब कुछ परिवर्तन शील है
नहीं ठहरेगा ये दुःख भी
इंसान लड़ना जानता है
खड़ा होना भी
आओ पहचानो फिर अपने
धैर्य की सीमा बुला लो वापिस
उसे करनी है जंग आज से
संवारना है रीते पल
मधुबन में फिर जूही चम्पा की खुशबू
बिखेरनी है
चलते चलो ये जीवन धारा है
साँझ नहीं है रात के बाद की भोर हो रही है
नई मृत्तिका में सौंधी खुशबू
उठ रही है मथने को नवल काव्य।

नया सुख

पकड़े रहते हैं चलते उठते बैठते

पाले हुए मन के अंदर तमाम व्यथाएँ

इतने मनन में भूलते हैं बहुत

इतना कि ये भी याद नहीं रहता

किस प्रयोजन में निकले

बहुत लड़ता मन खुद अंदर बाहर आस पास से

बेवजह मारता है ठोकर रास्ते के पत्थर को

शायद कभी गाली भी

घूरता है केवल नमस्कार करने वाले को

यूँ ही बेवजह

छोड़ दो लड़ना खुद का खुद से

सबसे पहले उस मौन के निनाद को सुनो

जीवन जीने के लिए चाहिए

एक शांत मन

जिसमें उपजे मरुस्थल को ख़त्म कर सको

दिशाओं में व्याप्त है आकाश

महज दिखता जो छितिज

पहले स्वीकार करना है

साथ को साथ के ही रूप में

मत देखो अपनी ही विचारधाराओं से

वो जो है वो तुम नहीं हो

स्वीकार करो जय पराजय

सब बदलता है एक सा नहीं रहता

फिर क्यूँ तुम निराशा की गठरी

संग लिए घूमते हो

छोटे छोटे पलों में खुशियाँ

बटोरनी है जीवन के लिए

बड़ा सुख़ हो या छोटा कुछ समय बाद

सुख़ नहीं लगता आदत पड़ जाती है उसकी

खोजते हैं फिर नया कुछ

इसलिए जीना सीखो मुस्कुराने के साथ

बेवजह भी खुश होना सीखना है

प्रेम को सुख की गिनतियों में मत बांधो।

अकेली औरत

अपने एहसासों को
जिस्म दे दो
चलने दो ऊँची नीची
पगडंडियों पर
फिसलन भरे रास्ते पर
अजनबियों से होने दो
दो चार
ये एहसास भर देगा
तुममें लड़कर उठने की
क्षमता
कभी ना हार मानने वाली
एक योगिनी
उठ खड़ी होगी
कि किसी के भी बलात्
हराने से भी नहीं हारेगी
और अपने ही रूप की छाया
ये योगिनी जिसे पता होगा
कैसे उड़ना है आसमानों में
परिंदों से लड़ते हुए

झाँझर

साहस के अस्त्र उसकी
निगाहों में होंगे
कोई उल्कापात भी उसे
भस्म नहीं कर पाएगा
और कुछ कर पाने की
ललक भी उसे असीम
शांति से लवरेज़ कर देगी
कोई नहीं हँस पायेगा
उसे देख एक अकेली
औरत
ना ही साहस कर पाएगा
उसके वजूद से टकराने की
उसके बलिष्ट भावों को आता है
खुद को सम्भाल कर खुश रहना
जय पराजय के भावों को
समझना और सिर्फ
वो ही समेटना जो उसके
अस्तित्व को छिन्न भिन्न
करने से बचाए
आँखों को पढ़ने में सक्षम
होंगी और कोई आदमजात

झाँझर

उसकी अस्मिता को छू भी
नहीं पाएगा
उसे आता है पूर्णता के दुर्ग
तक पहुँचना
है प्रेम पुंज की ज्योति
इस सृष्टि की रचयिता
रंगरेज जो निर्माण करती है
समाज, राष्ट्र, विश्व का
देती है दिशा उत्थान
तो क्यूँ खुद के बनाए से कमतर हो
हो ही नहीं सकती
एक नारी।

बेटी

बेटी तो आखिर बेटी ही

होती है

तुम्हारा प्रतिरूप

जो देखना चाहता है

तुम्हें मुस्कुराते चढ़ते

जीवन भर ऊँचाइयों पर

वो पूजा करती है

तुम्हारे लिए

अपने आँचल की छांव से

पोषित करती है

कभी माँ कभी बहन

कभी प्रेयसी कभी दोस्त बन

पर तुमने हमेशा उसे दुत्कारा

आखिर क्यूँ?

तुमने अपने ही अंश को

कोख़ में मारा

क्यूँ नहीं समझ पाते

जब तुम मुझे टुकड़ों में

काट काट कर निकालते हो

झाँझर

मुझे कितना दर्द होता है

सहम जाती हूँ चीख़ भी नहीं पाती

काँपती हर बार बहुत

दर्द होता है

क्यूँ करते हो तुम ऐसा?

क्यूँ हक़ नहीं मुझे जीने का?

अब कौन "विदुर" लाऊँ

जो मेरे हित में सवाल पूछे

आज हर कोने में रावण स्वतंत्र

घूम रहे हैं मेरी अस्मिता नोचने

और सब धृतराष्ट्र बने मौन है

ज्ञानी भीष्म पितामह भी

सिर नीचा किए चुप है

अब कैसे कृष्ण को पुकारूँ

जो द्रोपदियों के चीर हरण को रोके

कोई नहीं आने वाला

सुन बेटी तुझे अपनी रक्षा स्वयं

करनी होगी

छोड़ सौंदर्य का लबादा विकराल रूप धारण

करना होगा

स्वयं अपने अंदर साहस

भरना होगा
तीसरा नेत्र खोल चण्डी बनो
सत्ता के गलियारों में
सिर्फ मोमबत्ती जलेंगी
और कुछ नारे, अनशन
फिर सब कुछ शांत
और तुम्हारी चीखें फिर आसमान में छेद
कर गूँजती रहेंगी
और सब मौन होंगे
पर हे पृथ्वी वासी
ऐसा ना हो मेरे श्राप से
तेरा अस्तित्व ही मिट जाए
मैं बाँझ बनने पर
मजबूर हो जाऊँ।

शहीद

तुम निबाहो वेलेंटाईन वो अपनी निभा गए
कफन ओढ़ बसंती मिट्टी में समा गए

तुम खेलते रहो गुलाबों का खिलौना
दिल अपना गुलाब मातृभूमि को चढ़ा गए

तुम खेलते चंद दिनों खेल चौकलेट खा
खा गोली दुश्मन की अपनी रस्म निभा गए

महबूबा की हथेलियों में हिना की महक
मिट्टी की निकहत रूह में समा गए

'सवि' मातृभूमि के शहीदों को नमन
शहादत दे इश्क़ ए हकीकत समझा गए।

नर पिशाच

रिश्तों में खोखला पन
क्यूँ ओढ़े रहते हैं संजीदगी से
एक मुखौटा
सिर्फ छलने के लिए रिश्ते अपने ही
रक्षक ही भक्षक बन
अंदर ही अंदर खोखला करते हैं
विश्वास को
कभी भाई चाचा कभी ताऊ
कभी शिक्षक
कभी पड़ोसी बन
यहाँ तक कभी कभी पिता बन
खेलते रहते हैं
कभी तो सगे कभी मुहबोले बन
क्या देह पिपासा
वो राक्षस है जो इंसान
अपने अंदर मार नहीं सकता
कभी खड़े होते हैं क्या?
आईने के सामने
अपनी मृत देह लेकर

या मर चुका होता है
अंदर का आदमी
ये वो दीमक है
जो घर के बच्चों को
मनोविकार से ग्रस्त कर देते हैं
बीमार बन छा जाते हैं
बाल मन पर
दहशत से व्याप्त होते हैं
अभिशप्त से ऐसे लोग
नर पिशाच से
कहीं भी मिल जाते हैं
पहचानना भी मुश्किल है।

मुझे बच्चा बनना है

हाँ मुझे फिर बच्चा बनना है

जीवन की आपाधापी से मुक्त

फिर जीवन का सच्चा बनना है

थक गया हूँ दर्द सहते माँ

एक बार तेरे आँचल को सिर ढकना है

लेती थी गोदी अपने दुलार से

एक बार फिर वही नन्हा मुन्ना बनना है

भूख तो अब जाने क्यूँ मर गई

तेरे हाथों से फिर कौर चुगना है

कब गुजर जाते ये दिन रात

नींद जाने क्यूँ आँखों में आती नहीं

तेरी मीठी लोरी से एक सपना बुनना है

जीवन के सुख दुःख तुझ बिन अधूरे हैं

बाँट तुझ संग हर सपना रंगना है

सब कुछ है मेरे पास कुछ भी नहीं

पकड़ तेरी साड़ी का कोना फिर

पीछे पीछे घर अँगना फिरना है

हाँ मुझे फिर बच्चा बनना है

हँसना भूला कबसे उलझ जीवन डगर

झाँझर

छुप तेरी गोदी में तेरा राज दुलारा बनना है

माँ बाबा फिर वही सुनहरी दिनों में ढलना है

वही चंदा वही तारे सब कुछ फीका है

बन बच्चा फिर इन तारों की गिनती करना है

दौड़ गिलहरी के पीछे पकड़ने की ख्वाहिश

सपन सलोनी दुनिया में फिर ताथा थैईया करना है

जीवन पन्नों के रंग उड़ गए

पहुँच आसमान की सैर फिर इंद्रधनुष पकड़ना है

हाँ मुझे फिर बच्चा बनना है

छल कपट से दूर बच्चों की प्यारी दुनियाँ

सब अपने थे कोई ना अजनबी

ऐसी प्यारी दुनियाँ का फिर हिस्सा बनना है

हाँ, हाँ मुझे फिर बच्चा बनना है।

गृहस्थी

कुछ ख़्वाहिशें कर बंद मुट्ठी में
कही रख देती हूँ
रसोई के किसी कोनें में
झाँकते हैं इस उम्मीद में
देखते हैं आशा भरी नज़रों से
होगी फुरसत और वो मचल बाहर आएँगे
हँसेंगे खिलखिलाएँगे उड़ने को
पंछियों संग
फैलाएंगे पंख अपने
और मैं बचा उनसे नज़रें
लगी रहती हूँ इसी कोशिश में
पहले कर लू पूरा वो सपना
जो ओढ़ा मैंने ममता का आँचल
वचन ले साथ फेरे बढ़ी थी
कर्तव्य डोरी पर
क्रमशः होते गए सभी
वो रूपहले कर्तव्य प्रेम की
चूनर ओढ़े, मैं भी थकने लगी
समय के वातायन में घूमते

झाँझर

मिला एकांत तो मचल आए
वही स्वप्न लजाते शरमाते
मेरी अँखियों में झाँकते
पूछने क्या हमें अब
गले लगाओगी?
भूल गई थी आज संग
चलोगी छितिज तक
संग हमारे,
किसी पतंग पर बैठ
ऊँचे और ऊँचे उड़ चलो
आज अब क्या सोचना।

चिंतन

सतत चिंतन प्रयासरत रहे
लेकिन ध्यान रहे भयमुक्त हो
और ना ही उसमें लिपटी हों अर्धसत्य की
मटमैली भंगिमाएँ
हर स्थिति में स्पष्ट चिंतन
ले जाएगा सही दिशा निर्देश में
समय का आरोह अवरोह
निकल आएगा प्रदीप्त हो
भय अपनी स्याह आवृतियों से अंतर्मन
कर देता है निरीह
हम खोने लगते हैं
जीवनीशक्ति
और आशाओं के दुर्ग
अकारण ही हो जाते हैं धूलधूसरित
प्रज्ञा का प्रवाह मई बोध
अछूता रह जाता है बुद्ध
तक जाते
और गरल चलायमान हो
नैराश्य की विद्युत में झोंक देता है
शनेः शनेः

क्या है जीवन

मत सोचो कि जीवन

ऐसा होता या

फिर वैसा होता

स्वीकार करो जीवन के

हर पल हर पड़ाव को

बढ़ते जाओ इसकी निर्बाध गति में

समय के बदलते समीकरण में

हर चक्रव्यूह को तोड़ते

बनते एक नए अभिमन्यु की

परिभाषा

जोश के बढ़ते हाथों

ये आसमाँ भी

सिकुड़ जाएगा

छट जाएगा नैराश्य धुंध

विचरने दो आह्लादित मन के

खूबसूरत बैरागी मन की

खोज को

आत्मा के चरम बिंदु तक

जीना सीखो

ऐसा ना लगे तुम जिए ही नहीं
जियो सही के लिए
लड़ो खुद को जगाने के लिए
दूसरों के हित के लिए
सही दिशा के लिए
हर एक साँस मिली है तुम्हें
दूसरों के मार्ग प्रशस्त करने के लिए
तुम तुम्हारे लिए उतना ही है
जो तुम समर्पित कर रहे हो
औरों को
तुमसे समझदार कोई नहीं
यदि पहचान लेते हो
जीने का अर्थ
समर्पण में
यूँ तो इस ब्रह्मांड
में तुम्हारा अस्तित्व कितना है
जन्म लिया है तो
मृत्यु के बाद तक
रहने के लिए जियो
कुछ अवशेष बचा रहे
तुम्हारे होने का।

गीत

कितने भावों को स्वर देती
पर तुमको ये स्वीकार नहीं
मेरे उर के मंदिर में जब
तुम्हें आना स्वीकार नहीं

जीवन तुम्हारा संदल बनता
प्रीत की खुशबू से महकता
पर मेरी आशा की बजती
सरगम तुम्हें स्वीकार नहीं

कैसे होता मिलन हमारा
कैसे देती प्रेम की पाती
जब मेरे नयनों की भाषा
प्रिय पढ़ना स्वीकार नहीं

कोई बंधन रोक ना पाता
जो तुम मुझमें आ जाते
हृदय की अमर प्रेम रागिनी
झिलमिल तारों संग गाते।

गज़ल

फिर भीगा सा आज मेरे दिल का मौसम
जाने कैसा रंगा रंगरेज ने दिल का मौसम

फिर मिलेंगे सनम तुझे किसी राह कभी
आएगा क़िस्मत में जब वस्ल का मौसम

इतनी तो तस्कीन मुझे मेरी क़िस्मत पर
ना देगा तू मुझे कभी जुदाई का मौसम

मेरी रूह में जाने कैसी बसी निकहत तेरी
हर रात गुजारूँ नशे में तेरे प्यार का मौसम

यूँ उठाए जा रहे सीने में दर्द सदियों से
जाने कैसा दर्द देता है ये प्यार का मौसम

रश्क करती तनहाइयाँ तेरे ख़्वाबों को सजाए
हर सू दीदार करा देता है तेरे प्यार का मौसम

फिर चले आए तेरी पनाह में मिटने हम
कर दे क़त्ल या सज़ा दे मेरे प्यार का मौसम

बहुत बेदर्द सा मेरे प्यार का मालिक
बात कुफ्र की करे तो जले प्यार का मौसम

तेरे लम्स के एहसास जवाँ आज भी रूह में मेरी
आ देख कैसे गुजारूँ तेरे प्यार का मौसम।

मुझे मना लो

फेफड़े और दिल में घनी ठनी है आज

दिल डे ही मनाते रहे मेरी ना पूछे कोई बात

देकर गुलाब लाल पीले और गुलाबी

रखते थे सबका दिल सम्भाल साथ

मैं बिचारा ले रहा धुआँ धुआँ साँस

कोई भी जाने ना मेरे दिल की बात

मैंने कब फूल माँगे पत्ती टहनी ही सही

फूल दिल को देते कुछ होता हमारे हाथ

अब रूठ गया हूँ मानूँगा तुमसे तब

जब दोगे मुझे तुम पेड़ पौधों का साथ

पा हरियाली का साथ मगन हो जाऊँगा

दिल के साथ जीवन तेरा हरा भरा कर जाऊँगा।

पिया घर

मैं जब वधू बन तुम्हारे अंगना आई थी।
कुछ महसूस हुआ क्या साथ लाई थी।
संस्कारों का गहना जो माँ ने दिया था।
लेकर प्रेम पाश समर्पण तुम्हें लाई थी।

लाई सासू माँ को प्यार ससुर जी को आदर।
बहनों के लिए दुलार भाई को असीम स्नेह।
ऐसे अनमोल ख़ज़ाने हृदय में भर लाई थी।
हाँ मैं संग यही तो साथ सब देने आई थी।

प्रीत की डोर घर बसाने संग तुम्हारे आई थी।
संकल्प बाँध मन बंधन संसार रचाने आई थी।
दहेज भावों के मोती रिश्तो में पिरोने आई थी।
तुम्हारे घर मंदिर में सबको अपनाने आई थी।

अपनाओ हाथ बढ़ा प्रेम कलश जीवन में अपने।
पथ गामिनी बनू जीवन के सुख़ दुख़ में तुम्हारे।
बनी मतवारी राधा प्रीत अगन में तप के तुम्हारे।
महके जीवन हमारा गुलमोहर सा संग तुम्हारे।

होली

पवन में महके अबीर गुलाल, होरी खेलें बाल गोपाल
फाग में कैसे खेलूँ सखी, मोरे आए ना साँवरियाँ।

इंद्र धनुष सा अम्बर भीजे, टेसू फूल धरा को सींचे,
फाग का रंग सुहाय ना, सखी मोरे आए ना साँवरियाँ।

ग्वाल गोपियाँ घर घर जावें, अबीर गुलाल गालों पे लगावें
मनुहार कर रुठे को मनावें, सखी मोरे आए ना साँवरियाँ।

मन मंदिर में दिया जला के, राह निहारूँ अपने पिया की,
रजत कलश मोरे हाथ, सखी मोरे आए ना साँवारियाँ।

ढोलक बाजे मंजीरा बाजे, ब्रज वासी खुशियाँ मनावें,
सबके पिया उनके साथ, सखी मोरे आए ना साँवरियाँ।

फाल्गुन मास की प्रेम बसंती, होली में सपने सतरंगी,
कोयलिया भी करे पुकार, सखी मोरे आए ना साँवरियाँ।

आजा कन्हाई होरी आई, झूमे सिया संग रघुराई,
राधा भी करे पुकार, सखी मोरे आए ना साँवरियाँ।

झाँझर

मथुरा खेले पुष्पों की होरी, बरसाने में लड्डन की होरी,
मंदिर से लड्डुअन की बौछार, सख़ी आएँगे साँवरियाँ।

द्वापर युग का ये त्यौहार, घर घर लाए हर्षोल्लास,
मैं तो प्रीत की होरी खेलूँगी, सख़ी जब आएँगे साँवरियाँ।

झाँझर

आँगन में फिर फूल खिलेंगे (करोना काल)

वंदनवार फिर देहरी सजेंगे
आएँगी फिर खुशियाँ घर में
तू मुस्करा के चल

बच्चा टोली फिर खेलेगी
उनमें बाजी फिर लगेगी
चौके छक्के आसमान छुएँगे
तू मुस्करा के चल

बस्ते फिर कंधों पर होंगे
स्कूल ड्रेस देह सजेगी
प्यारी मुनिया नींद से जल्दी उठेगी
तू मुस्करा के चल

सुबह की आपा धापी होगी
टिफिन की फिर तैयारी होगी
नए खानों की फरमाइश होगी
तू मुस्करा के चल

पंडित जी फिर घर आएँगे
शादी की तारीख़ निकलेगी
जोर शोर तैयारी होगी
तू मुस्करा के चल

झाँझर

ऑगन में डोली उतरेगी
उसकी बलैया सासु लेंगी
ले आँखों से काजल टीका रखेगी
तू मुस्करा के चल

बाबा की उँगली को पकड़े
पोता फिर दुकान जाएगा
टोफी की फरमाइश होगी
तू मुस्करा के चल

रस्सी पर स्कूल ड्रेस सूखेंगी
जूतों पर रोज पोलिश होगी
टाई फिर गले लहराएगी
तू मुस्करा के चल

ऑफिस की जल्दी होगी
मुनिया छोटी टाटा करेगी
जल्दी घर आने का वादा होगा
तू मुस्करा के चल

आनन फानन खाने की तैयारी कर
पड़ोसन गप्पें खूब लड़ेंगी
कर बुराई नई फिर हँसेंगी
तू मुस्करा के चल

झाँझर

राखी बहना घर आएगी
भाईदूज मिठाई बनेंगी
होली घर घर जाएँगे
तू मुस्करा के चल

कसमें वादे खूब करेंगे
आने का मनुहार करेंगे
कपड़ों की पड़ताल चलेंगी
तू मुस्करा के चल

घर घर फिर पूजा होगी
रिश्तेदारी की पूछ होगी
पकवानों की खुशबू उड़ेगी
तू मुस्करा के चल

सावन के झूले झूलेंगे
कजरी सावन गीत गवेंगे
चेहरों पर लाली दौड़ेगी
तू मुस्करा के चल

हाथ हाथ फिर बंध के चलेंगे
जीवन मन मन इठलाएगा
पिक्चर चाट का मौसम होगा
हाँ तू मुस्करा के चल

झाँझर

पीछे ना देख आगे सोच
बरसात की खुशी सूखे मन में रोक
घर आँगन टेसू महकेंगे
तू मुस्करा के चल

जीवन बढ़ता जाएगा
सब अँधियारा छट जाएगा
छोटी मुनिया की पायल सा तू
तू गुनगुना के चल।

बोझ

ओढ़ गम जीवन बोझ ना बढ़ाते चलो
इश्क़ दिल हंसी चेहरे सजाते चलो

आएँगे दर्द आँख कुछ नम भी होगी
भूल उसको नई राह बढ़ाते चलो

बिकता काँटा फूल की शक्ल में
होगा तजुर्बा नया आज़माते चलो

नहीं अच्छी इश्क़ में दावेदारी
बंदिश को नज़रों से हटाते चलो

अल्फ़ाजों की तासीर समझना क्या
दिल की तहरीर गले लगाते चलो

कौन बेवफा होकर चैन से सोया
चैन ओ क़रार उसे लौटाते चलो

क्या पढ़ना आजकल अख़बार
अक्षर कुछ पुराने समझाते चलो

ना दिखे गर गलतियाँ कभी
आईने से धूल झाड़ते चलो

हौसला सवि जीने का बनाए रख़ो
दीप राहों में नया जलाते चलो।

फिर नई राह ढूँढना है

भेद कर तम उजाले ढूँढना है
वक़्त की हर तहरीर ढूँढना है

नहीं होगा बैठ दरिया पार
डूब कर अब किनारा ढूँढना है

मुफलिसी खुशियों की बढ़ गई
ज़ख्म में हर तमन्ना ढूँढना है

चाँद तारे कुछ कम दामन मिरि
स्याही में नया चाँद ढूँढना है

शौक़ था इश्क़ आजमाएँगे
वास्ते इंसान कोई ढूँढना है

उठ ख़्वाहिशें जाने कब मिटी
जागने नया कोई दिल ढूँढना है

होती बसर नहीं जिंदगी मेरी
बहाना जीने को ढूँढना है

नज़रों से चुरा ले गए दिल मिरा
दिल अपना वही फिर ढूँढना है

क़त्ल कर गए मुस्कुराकर
सवि मुहब्बत का खुदा ढूँढना है।

बेड़ियाँ

सदियों से पहनाई बेड़ी
कभी सिंदूर कभी चूड़ी
कभी पायल कभी बिछुए
नाम दे दिया सौंदर्य का
परिभाषा नारी की कभी
पूर्ण नहीं होने दी
कहते रहे अबला बेचारी
और तब भी मन नहीं भरा
देवी कह पत्थर बना दिया
डरते थे शायद यदि कोमलांगी
अपनी पाषाण इरादों से समक्ष
आ खड़ी होगी तो शायद तुम
नहीं कर पाओगे सामना
इसीलिए खींचते रहे पीछे मुझे
हर एक बढ़ते कदम के साथ
और झुकाते रहे मुझे कभी धर्म कभी
सहनशील के नाम पर
सम्मान करती रही तुम्हारा
क्यूँ की मैंने तुम्हें जन्म दिया था
अपने सृजन को कहाँ आसान होता है
खुद ही तिरस्कृत करना
और तुम मुझे एक वस्तु समझ

मन चाहा व्यवहार करते रहे
सम्भालती रही तुम्हारी अनर्गल भाव
कभी तो तुम्हारा दम्भ दिखेगा तुम्हें
और तुम मेरे अस्तित्व को स्वीकार करोगे
पर नहीं समर्पण और अधिकार की
उद्दात भावना तुम्हारी अल्प बुद्धि से परे है
वक्त है रोक ले अब भी अपने दुराग्रही पाँव
और मेरे अस्तित्व के पंख जो
मेरी आत्मा की उड़ान हैं मुक्त कर उन्हें
वरना जब तेरे ही पाँव के नीचे से भी
धरती सरकने लगेगी तो शायद
तेरे प्रायश्चित का समय निकल चुका होगा
मौन हूँ अभी जो
किसी युद्ध के उद्घोष के पहले
संधि की आस में
स्वेत पताका की आस की
रश्मियों के इंतज़ार में
प्राची के रथ पर स्थिर है।

प्रेम

प्रेम अमर होना चाहता है

विश्वास में लिपटा

एक ठंडी सी ओस की बूँद लपेटे

जिसमें संदेह के ज़हर की

तनिक भी गुंजाइश ना हो

ज़रूरत ना हो शब्दों की

महसूस हो सके

आँखों की गहराई में

झुकी पलकों में केवल एहसास से

मौन की गल बतिया में

चुपके से आ सिमट

बैठ जाना चाहता है

पलकों के आशियाने तले

दीर्घ स्वाँस के आरोह अवरोह में

स्वर लहरी की धड़कन की बाँसुरी में

वेदना के स्वर से

चाहता है मुस्कुराना

पीना चाहता है हलाहल

शिव बनना चाहता है

प्रकृति की स्नेहिल
पुकार सुनना चाहता है
समा जाना चाहता है
द्वारिका के उन कपाट में
जहाँ मीरा के अँसुअन बूँद
मोती बन बिखर गए
प्रेम के दीवानों के हृदय
आकाश में तारा बन
तुम मेरे हम राही बनोगे?

परिंदे

परिंदों से कह दो शजर फिर सजेंगे।
निकलेंगी नई कोंपलें सुनहरे रंग खिलेंगे।

अभी थोड़ा समझा लेना दिल को।
स्वप्न फिर आँखों में खिलेंगे।

उतर गए दीवारों के रंग रोगन।
डटे जो देवदूत घर फिर बसेंगे।।

आएगा फूलों पे शबाब फिर से।
तितलियों के चंपई रंग खिलेंगे।

भोरों से कहो मचलना ना छोड़े।
उनकी ख़ातिर उपवन फिर खिलेंगे।।

आसमाँ का इंद्रधनुष जो खोया।
चाहतों के रंग नए खिलेंगे।।

बारिशें राहत की थमी जो।
कोशिशों से आसमाँ फिर झुकेंगे।।

धूप को जो किनारे सेकते थे।
उनके काँधे किनारों से फिर भिड़ेंगे।।

आपदा में करते हैं जो कमाई।
कफ़न उनके उसी से बनेंगे।।

हैं सुर्ख़ रूह कम नहीं दुनिया में इंसा।
इंसानियत की नई सुबह वो ही लिखेंगे।।

है दुआ उनको जो मानवता पर मिटे।
'सवि' हर सू इबादत उनकी करेंगे।।

नज़्म

उम्मीद रख काम बहुत करना है अभी
टूटे ख़्यालों को मुकम्मल करना है अभी

गुजरा वक्त पहले अब भी गुजर जाएगा
इब्तिदा इंसानियत की लिखना है अभी

आंधियाँ चल रही तू चिराग तो जला
अंधेरे घरों को रौशन करना है अभी

वो क्या जो मुतमईन ना हुआ
दिल को उसके तसल्ली बख़्शना है अभी

आ चल ढूँढे कोई नई राह फिर से
लगाए प्यार के शज़र सींचना है अभी

सम्भाल रखिए अपनी मुख़्तसर सी हंसी
दुश्वारियों के मरहलें गुजारना है अभी

गुफ्तगू अधूरी रह गई ज़िन्दगी तुझसे
ख़्वाब होंगे मुक्कमल बताना है अभी

पत्थर बहुत बेज़ार से पड़े हैं कई
इंसान उन्हीं में तराशना है अभी

सवि क्या हुआ जो बदहाली बिखरी
ज़रीबों में जकड़ी ज़ीस्त संवारना है अभी।

तुम इतिहास लिखोगे

मन के सूने आँगन में कैसे राग भरोगे।
बिछड़ा माली बगिया का कैसे आबाद करोगे।
नन्हीं बिटिया के गालों पर सूखे नहीं हैं आँसू।
नन्हें जीवन में त्यौहार फिर कैसे भरोगे।।
तुम इतिहास कैसे लिखोगे----?

माँ के सूने आँगन में ना बची किलकारी।
धूप ताप में बैठी करे इंतज़ार महतारी।
उसके ख़ाली नयनों में कैसे संजोग लिखोगे।
उसके प्यासे आँचल में ममत्व कैसे भरोगे।।
तुम इतिहास कैसे लिखोग----?

करते आपदा में अवसर तलाश क्यूँ।
मानव से मानव के प्राण छीने क्यूँ।
बहते लाशों के अम्बार पे महल खड़ा करोगे।
खून से उनके अपने बच्चों के प्याले भरोगे।।
तुम कैसे इतिहास लिखोगे----?

आईने के सामने जब जाओगे।
शक्ल देख अपनी चिल्लाओगे।
भूत पिशाच नज़र तुम्हें आएँगे।
तड़पोगे हर साँस आएगी टूटकर।।
तुम कैसे इतिहास लिखोगे---?

क्षमा दान अब भी मिल जाएगा।
मानव से रिश्ता गर तेरा जुड़ जाएगा।
रूह की सच्ची आवाज़ सुनोगे।
सूने हर आँगन बसंत भरोगे।।
हाँ तुम तब इतिहास लिखोगे----।